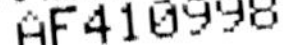

AF410998

RELATION

DU SERVICE SOLENNEL

FAIT

DANS L'EGLISE ROYALE, ET NATIONALE

DE

SAINT LOUIS

A ROME,

POUR MONSEIGNEUR

LOUIS

DAUPHIN DE FRANCE,

Le Vendredi xviii. Septembre MDCCXI.

A ROME, Chez Antoine de Rossi a la Place de Ceri. MDCCXIII.

 I la memoire de Monseigneur le
Dauphin eſt prétieuſe à toutes les
Nations de la Terre, où ſon Nom
a été connu, elle eſt particuliere-
ment chere, & reſpectable à la
France. Ce grand Prince ſembloit être né pour
le bonheur du Royaume, dont il faiſoit les delices: ſon extrême bonté, ſa tendreſſe compa-
tiſſante, toujours prompte à ſoulager les mal-
heureux lui avoient aquis l'amour du peuple;
ſon affabilité, ſon acçés facile, & ſon acceüil
obligeant lui attiroient par un charme naturel
les cœurs de tous ceux, qui avoient l'honneur
d'approcher de ſa perſonne. Une ſolide pieté
animoit toutes ſes actions. Son amour tendre,
& reſpectueux pour le Roy ſon Pere êtoit un
mo-

4

modele parfait de la soûmiſſion filiale, & four-
nira un illuſtre exemple aux Princes avenir de
leurs devoirs les plus eſſentiels à l'egard d'un Pere, & d'un Roy.

Le Ciel ne s'êtoit pas borné à repandre ſur
la perſonne de MONSEIGNEUR LE DAUPHIN ces
rares perfections, qui forment un vertueux, &
aimable particulier : il avoit voulu y joindre
par un heureux aſſemblage ces éclatantes qua-
litéz, qui ſont propres aux grands Princes, &
qui lui attirent les reſpects, & l'admiration. Jamais on n'a trouvé plus d'égalité, plus de mode-
ration, plus de juſtice, & d'équité, que dans ce
genereux Prince. Chaque moment découvroit
ſa noble inclination à repandre des graces. La
droiture, la ſolidité de ſon eſprit brilloit dans
tous les Conſeils; le ſecret impenetrable lui
êtoit naturel, & on l'a vû à la tête des Armeés
avec une grandeur de courage digne du fils de
LOVIS LE GRAND, & la conduite d'un ſage
& conſommé General executer les importantes
entrepriſes, qui lui avoient êté confieés, &
ajoûter par d'illuſtres conquêtes de nouveaux
lauriers à ceux du Roy ſon Pere.

Quelle douleur ne reſſentirent pas tous les
François, quand une mort inopineé vint tran-
cher le fil d'une vie ſi prétieuſe, & ſur laquelle
ils avoient fondé de ſi ſolides eſperances? On
peut dire, que la douleur egala la perte même;
ja-

Façade de l'Eglise Royale de Saint Louis dela Nation Françoise a Rome
Ornée pour le Service de feu Monseigneur le Dauphin
Celebré le 18. Septembre 1711.

jamais larmes ne furent plus ameres, ni plus juftes. Les Deputez de l'EGLISE ROYALE, ET NATIONALE DE SAINT LOUIS, qui a l'honneur d'être fous la protection de SA MAJESTE', en furent penetrez; mais ils crûrent, qu'ils ne devoient pas renfermer dans leurs cœurs une douleur muëte, comme celle des autres hommes. Ils voulurent en cette trifte & funefte occafion donner des marques de leur Zele, en faifant travailler à une pompe funebre, dont la magnificence, & le bon goût ont furpris les Romains, quoiqu'accoûtumez aux plus fomptueux fpectacles.

Le Portail de l'Eglife, qui eft un des plus beaux de Rome, êtoit tendu de drap noir depuis le fronton jufqu'au bas, hors les corniches, les chapiteaux, & les bafes, qu'on avoit laifsez découverts pour ne pas cacher la regularité de l'Architecture, & en faire voir les proportions. Deux grandes figures reprefentant la Religion, & la Prudence êtoient placeés dans deux grandes niches, qui font au fecond ordre; & deux autres reprefentant la Valeur, & la Magnificence fur la grande fenêtre, qui eft dans le milieu de la façade. Six Vafes fumans êtoient fur le haut du Portail. Deux Chandeliers à l'antique ornez de branches de lauriers jettans des flames pofez fur des têtes de Morts aîleés foûtenuës de Dauphins rempliffoient l'efpace entre

B

les

les pilaftres. On voyoit fur la grande Porte de l'Eglife les Armes de Monseigneur le Dauphin foûtenuës par deux Renommeés volantes avec leurs trompettes dans les mains. Deux grands Squeletes d'argent avec les aîles d'or placez au haut de cette porte rehauffoient d'une main un drap noir, qui pendoit en maniere de pavillon, pour laiffer libre l'entreé de l'Eglife, & tenoient de l'autre un rouleau avec cette infcription

LUDOVICUS GALLIARUM DELPHINUS
PATRE MAGNUS, LIBERIS FELIX,
AMOR POPULI, PRINCIPUM DECUS,
LAUDATUS IN VITA, DESIDERATUS IN MORTE.

Des tropheés de guerre, des têtes de Morts aîleés, des Dauphins couronnez ornoient les deux petites Portes, & les efpaces entre les Pilaftres.

Toute l'Eglife êtoit tenduë de deüil depuis le bas jufqu'a la voûte, & on avoit pris foin de garder les proportions de l'Architecture, comme au Portail, & d'en profiler tous les corps en laiffant voir le blanc du mur entre les ornemens, de maniere que les contours de l'Architecture êtoient parfaitement diftinguez, & produifoient un tres bel effet par leur varieté. La grande Corniche, qui regne autour de l'Eglife êtoit orneé de drap noir retranché en feftons, & contourné de gaze d'argent. La frife

de

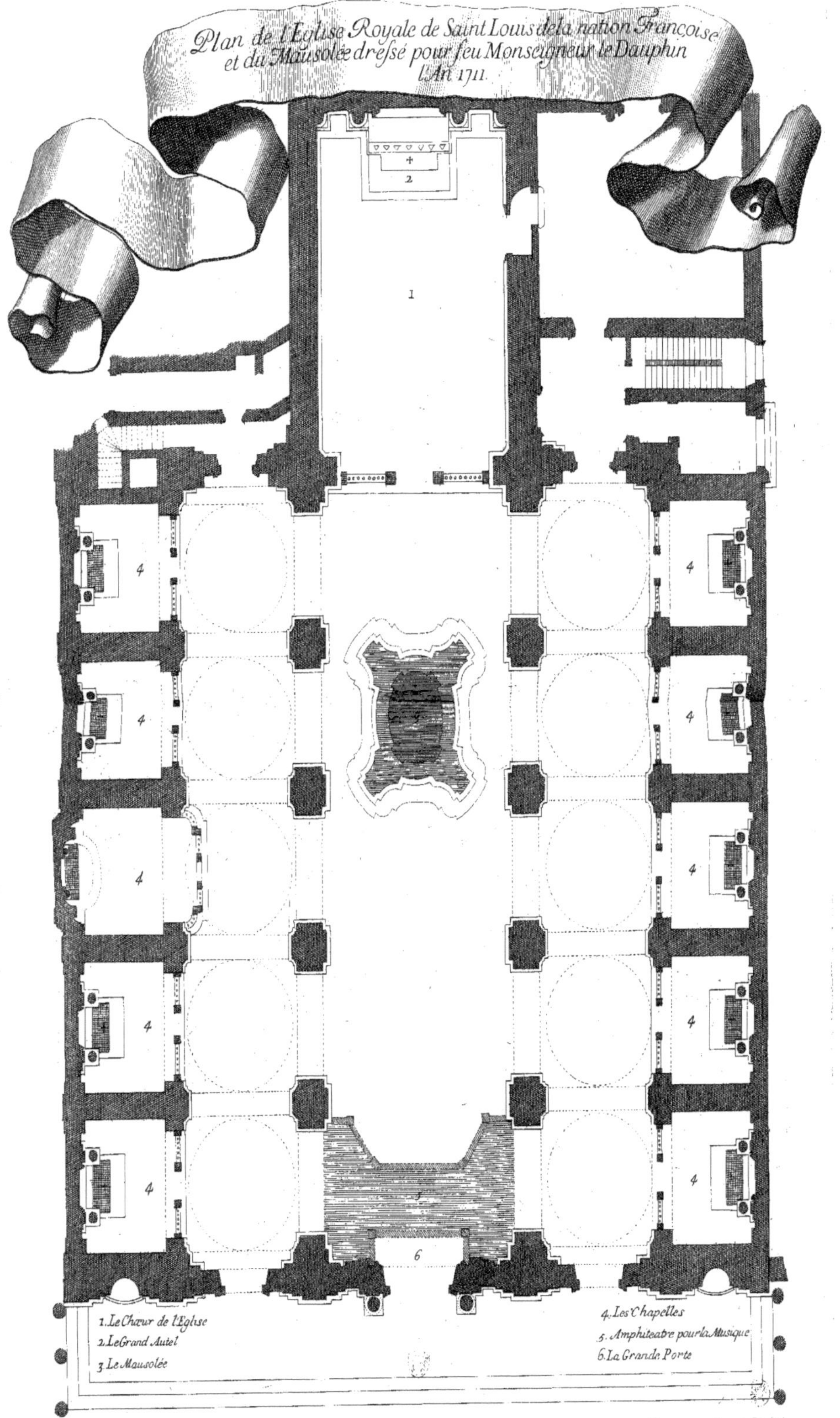

Plan de l'Eglise Royale de Saint Louis de la nation Françoise
et du Mausolée dressé pour feu Monseigneur le Dauphin
l'An 1711.
1. Le Chœur de l'Eglise
2. Le Grand Autel
3. Le Mausolée
4. Les Chapelles
5. Amphiteatre pour la Musique
6. La Grande Porte
Hieronymus Frezza Incidit

de même parûre êtoit chargeé de fleurs de lys
d'or. Sur chacune des cinq arcades, qui com-
pofent la grande Nef de chaque côté, êtoit attaché un grand Cartouche furmonté d'une
Couronne Dauphine, qui couvroit l'architra-
ve, & la frife, & dont la fommité êtoit pofeé
fur la grande Corniche. Dans chacun de ces
Cartouches êtoit peinte une devife de clair-
obfcur rehauffé d'argent dans les ombres.
Un drap noir contourné de gaze d'argent y
êtoit attaché, & formant plufieurs feftons pendoit fur les Chapiteaux des Pilaftres, qui font
entre les arcades, & leur fervoit d'ornement.
Chaque Pilaftre êtoit couvert de la même étoffe avec une pareille gaze aux extremitez en for-
me de galon. Au milieu de chacun d'eux êtoit
attaché un Cartouche avec une devife, ou un
emblême peint comme les autres, & pofé fur
une tête de Mort aîleé, & orneé d'une Couronne d'or a pointes entre deux chandeliers argentez faits en cornes d'abondance, qui portoient
deux gros flambeaux. Des Couronnes Dauphi-
nes fur des branches d'olivier, & des Murales
fur des palmes êtoient placeés alternativement
dans les angles des arcades. Un Chandelier à
fix branches pareillement argenté pendoit fous
la voûte de chacune de ces arcades, ou il êtoit
attaché par une étoffe noire lieé de diftance en
diftance avec des rubans d'argent. Les extre-
mi-

8

mités des arcades êtoient pareés de la même
maniere, & entre ces ornemens, & la tenture
on avoit laiſsé un petit eſpace vuide pour faire
mieux paroître le contour de ces arcades, ce
qui avoit été pareillement obſervé aux côtés de
chacun des pilaſtres. Un grand amphiteatre
pour la muſique êtoit dreſſé ſur la grande porte
ſoûtenu par ſix Squeletes argentez : il êtoit tendu de deüil orné de feſtons, & chargé de huit
gros flambeaux du poids de dix livres chacun.
On liſoit cette inſcription dans un Cartouche
porté par une Mort volante.

IN MAGNIS OPIBUS,
IN MAGNA POTENTIA, ET HONORE
NON EFFERRI;
NON PRODIRE EXTRA MODUM,
SUI DENIQUE MEMINISSE,
HOC IN PRIVATO SI LAUDAS,
IN TANTO PRINCIPE ADMIRARE.

Deux grandes figures repreſentant la Juſtice,
& la Force êtoient placeés ſur des tropheés au
deſſus de cet amphiteatre : elles ſervoient d'ornemens à un grand Cartouche, dans lequel
êtoit cette inſcription.

L'Eglise de Saint Louis de la Nation Françoise à Rome
... le pompes Seruices de feu Monseigneur le Dauphin
Célébrée le ... Septembre 1766

SUPREMUM OPTIMI PRINCIPIS DIEM
LUGEAT GALLIA, LUGEAT HISPANIA,
MULTUM UTRAQUE DELPHINO DEBET:
VIVENS DEDIT HISPANIÆ REGEM
DELICIAS POPULI;
MORIENS RELIQUIT GALLIÆ ALTERUM SE
DELPHINUM
SPEM REGNI,
AMBAS ÆTERNO FOEDERE DEVINXIT.

Le Mausoleé placé au milieu de la principale Nef êtoit un grand quarré long feint de differens marbres formant une figure ovale dans le milieu, & terminé par quatre piédeſtaux ornez de conſoles de bronze, & chargez dans leurs dez des Armoiries, & des Chiffres de Monseigneur. Ce premier ordre, qui êtoit Corinthien, êtoit poſé ſur un degré feint de marbre noir, & blanc.

Dans les deux grandes faces laterales ſe liſoient deux inſcriptions écrites en lettres d'or ſur un marbre feint de paragon. Dans la premiere.

PARCE HOSPES LACRYMIS, QUEM FLES, NON TOTUS OBIVIT,
IPSE SUI MAGNA PARTE SUPERSTES ERIT.
COLLIBUS UT QUONDAM TERNIS ILLISA RESULTAT,
FOECUNDOSQUE REFERT VOX REPLICATA SONOS.
SIC TRIBUS IN NATIS VIVET DELPHINUS, ADEMPTUM
RESTITUET PROLES SANGUINE DIGNA PATREM.

C   Dans

Dans l'autre.

GENITORE MAGNO NATUS, ET SPES ALTERA,
AMOR, DECUSQUE GALLIÆ,
USUQ; RERUM, ET PATRIS EXEMPLIS THRONO
MATURUS, ET PAR CREVERAM.
INVIDIT ILLA, QUAM TIMES, SI PRINCIPIS
IN CAPITE SIC LUDIT, PEDE
SI PULSAT ÆQUO PLEBIS, AC REGUM DOMOS
QUÆ SPES TIBI RESTAT FUGÆ?

Sur chacun des Piédeſtaux placez aux angles
de ce quarré s'élevoit un grand Squelete d'argent drapé d'une étoffe violette femeé de fleurs
de lys d'or, & de larmes d'argent avec une couronne d'or fur la tête, tenant un grand chandelier des mêmes metaux chargé de dix fept flambeaux. Au milieu de ces quatre Squeletes êtoit
placé un Piédeſtal feint de verd antique d'ordre Dorique, qui eſt l'ordre militaire, avec des
ornemens de bronze, & dont les quatre coins
chargez d'une grande fleur de lys d'or foûte-
noient des piéds de Lyon de bronze, d'où pendoit un grand feſton de laurier pareillement
de bronze, qui regnoit tout autour. Sur ces
piéds de Lyon, êtoit poſeé une grande urne a
l'antique feinte de porphire, orneé de quatre
anfes de bronze, chacune compofeé de deux
Dauphins. Les deux faces de cette urne repre-
fentoient deux importantes expeditions de feu
Monseigneur : dans l'une on le voyoit, qui

pre-

prefentoit au Roy un grand nombre de Couronnes murales apres la prife de Philisbourg,
& la reduction de vingt villes fur le Rhin prifes
en un mois l'an 1688. Sa Majeste' le recevoit
avec joye, & luy tendoit les bras pour l'embraf-
fer. Dans l'autre on admiroit la marche incroy-
able, que ce Prince fit faire en 1694 a l'ar-
meé du Roy, pour prevenir les Ennemis, qui
avoient projeté le deffein de s'emparer du païs
entre la Lis, & l'Efcault. Ils avoient deux jour-
neés d'avance, & Monseigneur apres avoir
divifé fes trouppes par détachemens, & leur
avoir affigné pour rendés-vous le Pont d'Efpier-
re, leur fit faire quarante lieües en moins de
trois jours avec une diligence, qui êtonna les
Ennemis, & les obligea d'abandonner leur en-
treprife.

Sur les deux faces de l'urne, qui regardoient
la grande Porte, & le Chœur êtoient graveés
ces infcriptions en lettres d'or. Dans la premiere

LUDOVICO
GALLIARUM DELPHINO
LUDOVICI MAGNI
FILIO.

Dans

Dans l'autre.

OPTIMO PRINCIPI
LUDOVICO
GALLIARUM DELPHINO
VIATOR
PRECIBUS ET LACRYMIS
PARENTA.

On avoit placé fur l'urne un grand carreau de velour noir garni de galons, & de groffes houpes d'or, fur lequel êtoit poíeé une Couronne Dauphine voileé d'un crefpe. Au deffus s'élevoit une Renommeé volante, dont les aîles êtoient d'or avec une draperie bleüe femeé de fleurs de lys d'or tenant un grand medaillon de Monseigneur du même metal. Un grand daiz orné dans fes pentes d'étoffe d'argent de fleurs de lys, & de Dauphins d'or, entre lefquelles êtoient placeés de groffes houpes d'or, qui pendoient auffi de leurs extremitez, chargé dans chacune des faces des Armes en broderie de feu Monseigneur, couvroit tout le Maufolée. Il êtoit extremement élevé, & il en fortoit quatre grandes pentes de drap noir contourneés de gaze d'or, & femeés en dedans de fleurs de lys d'or, & de larmes d'argent, qui formoient une maniere de Pavillon magnifique, & qui êtoient attacheés a la grande Corniche de l'Eglife. Ce

Mau-

Mauſoleé êtoit éclairé de 102. gros flambeaux de cire blanche, comme tous les autres, placez dans des chandeliers argentez faits en cornes d'abondance, outre les 68. qui êtoient en d'autres chandeliers, que tenoient les quatre Squeletes aux coins dudit Mauſoleé.

Tout le Chœur êtoit orné de quatre grands tableaux d'architecture d'ordre Jonique, qui repreſentoient de belles Perſpectives, les Pilaſtres feints d'un marbre blanc & noir, & les chapiteaux & les baſes de bronze. Au milieu de chacune des deux plus proche de l'Autel on avoit repreſenté un balcon de marbre avec des feſtons de drap noir pour en accompagner deux autres, qui ſont dans le Chœur, & qui avoient la même parure. Dans les vuides des Pilaſtres êtoient des trophées, des Vaſes d'or fumans, & des Cartouches avec des bordures de bronze, dans leſquels on liſoit des paſſages de quelques Saints Peres, & de Seneque, qui faiſoient alluſion à la mort. Chaque Cartouche êtoit placé entre deux chandeliers, comme ceux du Mauſoleé, & de l'Egliſe.

On avoit eu ſoin de ne pas cacher l'Architecture du grand Autel, & on y avoit obſervé la même regle, que dans toute l'Egliſe. La Corniche êtoit orneé de drap noir rétranché en feſtons, & contourné de gaze d'argent ; la Friſe orneé de fleurs de lys d'or, les Colonnes cou-

D

ver-

vertes de la même étoffe, que la Corniche, &
on avoit laiſsé voir leurs Chapiteaux, & leurs
baſes de bronze doré. Un grand drap noir avec
une Croix de moërre blanche & quatre Armoiries de MONSEIGNEUR en broderie d'argent couvroit le tableau de l'Autel, ſur lequel êtoit poſeé
une grande Croix avec ſix Chandeliers d'argent. Le devant d'Autel du même metal avoit
un fond de velour noir, qui luy donnoit un
nouvel éclat : les deux côtez êtoient ornez des
Chiffres de MONSEIGNEUR. Les deux grandes
Arcades, qui ſeparent le Chœur de la Nef principale êtoient orneés de feſtons pareils a ceux,
qui regnoient autour de la Corniche de toute
l'Egliſe, & on avoit placé dans le milieu de chacune une tête de Mort aîleé, & couronneé.

Les deux Nefs collaterales êtoient auſſi ten-
duës de deüil, leurs voûtes couvertes en maniere de tentes, & chaque Pilaſtre orné d'un tro-
pheé. On avoit placé ſur chacune des deux Portes, qui terminent ces deux Nefs, une grande
Caſſolette d'argent avec des feſtons. Toutes les
Chapelles êtoient de la même parure, & le tableau d'Autel de chacune couvert d'une étoffe
noire avec une Croix de gaze d'argent : une
Croix & quatre Chandeliers d'argent êtoient
ſur chaque Autel, & ſix ſur celui, où repoſoit
le Saint Sacrement. Sur chacune des deux Portes laterales dedans l'Egliſe êtoit une Mort

cou-

Hieronymus Frezza Incidit

couronneé avec des aîles de Chauvesouris.

Les Inscriptions, les Devises, & les Emblê-
mes, qui ont servi a ce funeste appareil, sont des
productions du P. Jouvenci de la Compagnie de
Jesus : elles sont trop belles, pour ne les pas rap-
porter.

DELPHINUS A PARENTE FELICITER EDUCATUS.

Une fleur arroseé de la main du Jardinier.

COLENTIS RESPONDET VOTIS.

L'heureuse education, que MONSEIGNEUR
avoit reçeuë du Roy, & dont il avoit si bien
profité, l'avoit rendu un des plus vertueux
Princes de la terre.

DELPHINUS PARENTI SIMILLIMUS.

Un Cilindre sur une table, ou sont plusieurs
objets colorez, qui l'environnent : on voit le
portrait du Roy dans le Cilindre.

TOTUM IN SE COLLIGIT.

MONSEIGNEUR avoit reuni en sa personne
toutes les Vertus Royales pour ressembler plus
parfaitement a SA MAJESTE.

DELPHINUS REGNANDI SCIENTISSIMUS.

Un Atlas, qui soûtient le Monde.

NON

NON IMPAR ONERI.

Les Vertus Morales, & les qualitez héroï-
ques de Monseigneur le rendoient propre à
soûtenir le poids du gouvernement.

DELPHINI LIBERALITAS, ET BENEFICENTIA.

Une fontaine publique.

NULLI CLAUSUS.

La Liberalité, & la passion de répandre des
graces étoient des vertus naturelles à Monseigneur.

DELPHINI NOTA HOSTIBUS FORTITUDO.

Un Lyon couché, qui se repose, pendant
que plusieurs animaux prennent la fuite.

TIMETUR VEL PLACIDUS.

La Valeur, dont ce Prince avoit donné des
marques en plusieures occasions le faisoit crain-
dre des Ennemis même pendant la paix.

DELPHINUS BELLO, ET PACE BONUS.

Un nuage obscur d'un côté, & lanceant des
foudres; de l'autre côté éclair, & riant, jet-
tant une douce roseé sur la terre.

Hieronymus Frezza Incidit

RORES, ET FULMINA.

Les qualitez pacifiques, & aimables ne s'opposoient point aux vertus militaires dans la personne de Monseigneur. S'il fut constamment les delices de la France pendant sa vie, il fut la terreur des ennemis, lorsqu'il eût les armes à la main.

DELPHINUS PARENTI NON IMPAR FUTURUS.

Un Parelie.

RAR SI VIVACIOR.

Monseigneur auroit si bien imité toutes les glorieuses actions du Roy, s'il eût vêcu, qu'il ne luy auroit pas été inégal.

DELPHINUS ERUDITORUM TUTELA.

Arion sonant la Lire.

DOCTIS AMICUS.

Monseigneur a toujours aimé la vertu, & les sciences, & il en a êté le Protecteur.

DELPHINUS IN FILIO CORONATUS.

Un Grenadier coupé, aupres duquel on voit une grenade avec sa Couronne naturelle.

FRUCTUS CORONAM SERVAT.

Monseigneur a donné à l'Espagne un Roy, qui en fait les delices.

DELPHINUS IN FILIIS SUPERSTES.

Un tronc d'arbre coupè, & enté de trois greffes.

REPARABUNT DAMNA PARENTIS.

Monseigneur le Dauphin revit dans sa posterité ; il a laissé trois Princes héritiers de ses vertus, qui font la consolation de la France, & de l'Espagne.

DELPHINI PROBITAS, ET STUDIUM RELIGIONIS.

Une boussole, & l'étoile Polaire au dessus.

A COELO REGITUR.

La pieté de Monseigneur luy faisoit regarder le Ciel, comme le premier mobile de toutes ses actions.

DELPHINUS AD OMNES PARENTIS NUTUS DOCILIS

Un Genie, qui pousse une boule sur une table.

QUO DUCITUR, IBIT.

Ce Prince n'ayant jamais eu d'autre volonté,

que

DELPHINI PROBITAS ET STVDIVM RELIGIONIS
A CŒLO REGITVR
...PHINVS AD OMNES PARENTIS NVTVS DOCILIS
QVO DVCITVR IBIT
DIGNITAS DELPHINI REGIÆ PROXIMA
PROXIMVS PRIMO
DELPHINI COMITAS ET CLEMENTIA
T LVCEM NON DAMNA FACIT

que celle du Roy son Pere, a été un parfait modele d'obeissance.

DIGNITAS DELPHINI REGIÆ PROXIMA.

Le Soleil, & l'etoile de Mercure, qui fait son
cours, & qui est toujours la plus proche de cet
astre.

PROXIMUS PRIMO.

Cette devise s'explique assez par elle même.

DELPHINI COMITAS, ET CLEMENTIA.

Une fuseé volante.

DAT LUCEM, NON DAMNA FACIT.

Toutes les personnes, qui ont eu l'honneur
d'approcher de MONSEIGNEUR, ont ressenti les
effets de sa bonté : jamais Prince n'à été plus
gratieux, ny d'un accés plus facile.

DELPHINUS ERGA DEUM PIUS.

Une Cassolette fumante sur un Autel.
MONSEIGNEUR êtoit un exemple de pieté, &
tous ses vœux êtoient dirigez au Ciel.

DELHPINUS ERGA REGEM OBSEQUENS.

Un Tournesol, qui baisse sa fleur du côté du
Soleil.
La tendre soumission de MONSEIGNEUR aux

vo-

volontez du Roy fera un illuftre exemple pour tous les Princes avenir.

DELPHINUS ERGA SE IPSUM ÆQUUS.

Un Genie tenant une balance.

Ce Prince êtoit luy même fon cenfeur, & obfervoit une parfaite équité dans toutes fes actions.

DELPHINUS ERGA SUOS MUNIFICUS.

Un Genie tenant une Corne d'abondance renverfeé, d'où fortent des Couronnes, & autres chofes prétieufes.

On n'à point vû de Prince plus liberal dans fa Cour, & qui ait eû plus d'attention à recompenfer ceux, qui le meritoient.

Le Sacré College, qui avoit été invité par M. le Cardinal de la Tremoille pour affifter au Service de MONSEIGNEUR LE DAUPHIN fe rendit le Vendredy 18 Septembre fur les neuf heures du matin à l'Eglife de SAINT LOUIS, où fon Eminence fe trouva pour le recevoir. Il y avoit longtemps, qu'on n'avoit vû une plus noble, & plus nombreufe affembleé: elle êtoit compofeé de vingt quatre Cardinaux, & de foixante quatre Prelats, fans compter l'Evêque Celebrant, & les quatre Evêques Affiftants. Les Cardinaux êtoient affis dans le Chœur, & les Prelats fur des bancs couverts de deüil autour

du

DELPHINVS ERGA DEVM PIVS
DELPHINVS ERGA REGEM OBSEQVENS
DELPHINVS ERGA SEIPSVM ÆQVVS
DELPHINVS ERGA SVOS MVNIFICVS
Hieronymus Frezza Incidit

du Mausoleé. La Reyne Douairiere de Pologne s'y trouva avec la jeune Princesse Sobieski ; elles furent placées dans la tribune, qui est dans le Chœur, & les Dames, & les Gentilhommes de sa Cour dans une Chapelle. Mesdames les Princesses de Piombin, de Rosane, Celamare, Santobuono, & Mesdemoiselles leurs filles furent aussi placeés dans des Chapelles. M.r le Prince de Rosane, M.r le Duc d'Atri, M.r le Prince Vaïni, les deux Neveux du Pape D. Charles, & D. Alexandre Albani, & plusieurs Gentilhommes Romains, François, Espagnols, & Etrangers s'y trouvérent en grand nombre. M.r Maigrot Evêque de Conon revêtu de ses habits Pontificaux commença la Messe sur les dix heures, qui fut chanteé par une Musique composeé des plus belles voix de Rome. Lorsque la Messe fut acheveé, le Prelat Celebrant se plaça dans son siége un peu au deça de l'Autel, & le R. P. Daubenton celebre Predicateur de la Compagnie de Jesus monta en chaire, & prononça l'Oraison funebre de MONSEIGNEUR avec son eloquence accoutumeé. Il est a remarquer, qu'il la fit en françois, ce qui ne s'étoit pas encore pratiqué dans aucune Chapelle de Cardinaux: aussi commença-t'il par un discours latin pour s'excuser de ceque son Oraison étoit dans une langue étrangere, quoiqu'amie &

F

intel-

intelligible, parcequ'il n'avoit été averti, que depuis trois jours, qu'il devoit parler devant cette augufte affemblée, & qu'il falloit plus de tems pour préparer un difcours digne d'être prononcé en fa prefence. Il ajouta, que s'agiffant de reprefenter les vertus chrétiennes, & les qualitez heroïques d'un grand Prince héritier de la Couronne de France dans fon Eglife, & devant un concours extraordinaire de peuple de la nation il paroiffoit plus naturel de fe fervir de la langue du païs, qui êtoit univerfellement entenduë même des peuples les plus éloignez. Il n'eft pas furprenant, que cette Oraifon ait eu l'applaudiffement du public : une fi belle matiere prepareé par le R. P. Daubenton ne pouvoit manquer d'avoir toutes ces graces vives, & piquantes, que fournit un noble, & magnifique fujet traité par un fameux Orateur. Nous ne donnons pas icy cette piece d'éloquence, parcequ'elle à été imprimeé feparément, & fe trouve entre les mains de tous les curieux. Apres l'Oraifon funebre le Prelat Celebrant s'approcha du Maufoleé : quatre autres Evêques en chapes, & en mitres êtoient affis aux quatre coins. Ils firent les priéres, les encenfemens, & les afperfions ordinaires, ce qui s'appelle abfolution. Chaque Prelat fit la fienne, pendant laquelle les quatre autres demeurerent affis fur les fiéges, qui leur avoient été préparez. Apres cette te lugubre Ceremonie les Cardinaux partirent, & M. le Cardinal de la Tremoille les remercia en les accompagnant à leurs caroffes.

Toute la decoration de l'Eglife, & du Maufoleé êtoit du deffein du S.ʳ le Gros un des plus fameux Sculpteurs de nos jours, qui a eu l'honneur d'être penfionnaire dans l'Academie Royale, que SA MAJESTE´, entretient à Rome, & qui eft prefentement un des Deputez de cette Eglife. Il avoit pris la direction de tout, & y avoit travaillé lui-même avec une application extraordinaire. Le fucçés répondit à fes foins, puifque les Profeffeurs avouërent, qu'il n'êtoit pas poffible de rien executer de plus magnifique, de meilleur goût, ni de mieux entendu.

Le 25. fuivant jour de l'octave du Service le Pape vifita l'Eglife: il avoit fait le même honneur à celles de l'Anima, de S. Laurent in Lucina, & de S. Antonin des Portugais, apres que les fervices y eurent êté faits pour l'Empereur Leopold, le Roy Jacques d'Angleterre, & le Roy de Portugal. Il fit fa priére à l'Autel de S. Louis, où êtoit le Saint Sacrement, & accompagna par la trifteffe, qu'il fit paroître fur fon vifage, le lugubre appareil de l'Eglife. Il parût tres content de la decoration, & du Maufoleé, & dit, que le tout êtoit bien entendu, & qu'il en êtoit fatisfait. Il marqua beaucoup de bonté au S.ʳ le Gros, que M. le Cardinal

dinal de la Tremoille, qui êtoit suivi de tous les Deputez de l'Eglise, lui presenta . Les Chapelains de la Communauté aiant leur Superieur, & le Curé a leur tête étoient rangez des deux côtez de la porte. M. le Cardinal de la Tremoille, qui avoit reçeu SA SAINTETE' à l'entreé de l'Eglise avec M. le Cardinal Otthobon, qui s'y êtoit rendu quelques momens auparavant, l'accompagna jusqu'à la porte, & la vit monter en Carosse . M.rs les Cardinaux Paulucci, & Sacripanti êtoient avec elle. M. l'Ambassadeur de Venise s'y trouva incognito, & fut placé dans la tribune.

Les Deputez de l'Eglise, qui avoient fait celebrer journellement un grand nombre de Messes pour le repos de l'ame de MONSEIGNEUR, assistérent la semaine suivante à un service, qu'ils lui firent faire, & qui termina ces lugubres & magnifiques fonctions.